BEI GRIN MACHT SICH IHR WISSEN BEZAHLT

- Wir veröffentlichen Ihre Hausarbeit,
  Bachelor- und Masterarbeit

- Ihr eigenes eBook und Buch -
  weltweit in allen wichtigen Shops

- Verdienen Sie an jedem Verkauf

Jetzt bei www.GRIN.com hochladen und kostenlos publizieren

Bibliografische Information der Deutschen Nationalbibliothek:

Die Deutsche Bibliothek verzeichnet diese Publikation in der Deutschen National-
bibliografie; detaillierte bibliografische Daten sind im Internet über http://dnb.d-
nb.de/ abrufbar.

Impressum:

Copyright © 2017 GRIN Verlag, Open Publishing GmbH
Druck und Bindung: Books on Demand GmbH, Norderstedt Germany
ISBN: 9783668551756

Dieses Buch bei GRIN:

http://www.grin.com/de/e-book/377675/erstellung-eines-geeigneten-trainingsplans-
makro-und-mesozyklus

Max Klinsmann

Erstellung eines geeigneten Trainingsplans Makro- und Mesozyklus

GRIN Verlag

GRIN - Your knowledge has value

Der GRIN Verlag publiziert seit 1998 wissenschaftliche Arbeiten von Studenten, Hochschullehrern und anderen Akademikern als eBook und gedrucktes Buch. Die Verlagswebsite www.grin.com ist die ideale Plattform zur Veröffentlichung von Hausarbeiten, Abschlussarbeiten, wissenschaftlichen Aufsätzen, Dissertationen und Fachbüchern.

Besuchen Sie uns im Internet:

http://www.grin.com/

http://www.facebook.com/grincom

http://www.twitter.com/grin_com

Deutsche Hochschule für
Prävention und Gesundheitsmanagement
Hermann Neuberger Sportschule 3
66123 Saarbrücken

Einsendeaufgabe

Fachmodul:	Trainingslehre 1
Studiengang:	Fitnessökonomie
Datum Präsenzphase:	09.05.17 – 12.05.17
Name, Vorname:	Klinsmann, Max
Semester:	**WS16**

Inhaltsverzeichnis

1 Diagnose

1.1 Allgemeine und biometrische Daten

1.1.1 Anamnese

Tab. 1: Allgemeine Daten des Klienten

Alter	26
Geschlecht	Männlich
Körpergröße	1,78m
Körpergewicht	69kg
Körperfettanteil	13,5% (gemessen mit Körperanalysewaage)
Berufliche Tätigkeit	Student
Bewegungsausmaß der Tätigkeit	Überwiegend sitzend
Aktuelle sportliche Tätigkeiten	Joggen, 2 mal pro Woche seit 9 Jahren
Frühere sportliche Tätigkeiten	Fußball, 3 mal pro Woche, Jugendmannschaft, 7.-17. Lebensalter
Trainingsmotive	Muskelaufbau, Haltung verbessern
Zeitlicher Verfügungsrahmen	3 mal pro Woche, 60 Minuten pro Einheit

Tab. 2: Anamnese des Klienten

Blutdruck	123/82 mmHg
Bewertung des Blutdruckes	Normal (120-129/80-84 mmHg)
Ruhepuls	69 S/min
Bewertung des Ruhepulses	Normal (60-80 S/min)
Orthopädische Probleme	Hyperlordose der Lendenwirbelsäule
Internistische Probleme	keine
Aktuelle ärztliche Behandlung	keine
Aktuelle Einnahme von Medikamenten	keine
Operationen	keine
Raucher	Ja, <5 Zigaretten pro Tag
Andere Drogen	nein

1.1.2 Bewertung der Ausgangssituation des Klienten

Aus den über den Klienten erhobenen Daten geht hervor, dass dieser gemäß seines aktuellen Leistungszustandes, ohne physiologische Einschränkungen Krafttraining betreiben kann. Es liegen weder internistische, noch orthopädische Probleme vor, die bestimmte Übungen ausschließen. Der Klient befindet sich in sehr gutem Alter, Muskelaufbautraining zu betreiben (Larsson, Grimby & Karlsson, 1979).

Auf die Behebung der Hyperlordose in der Lendenwirbelsäule wird direkt von Anfang an besonderer Wert gelegt, da eine korrekte Haltung Grundvoraussetzung der Verletzungsprävention und des langfristig erfolgreichen Krafttrainings ist. Dies geschieht durch eine individuelle Übungsauswahl.

Der gemessene Blutdruck des Klienten liegt mit 123/82 mmHg im normalen Bereich (Chobanian et al., 2013). Aus dem Gewicht und der Körpergröße ergibt sich ein Body Mass Index (BMI) von 69kg $/1,78m^2 = 21,8$ kg/m². Dieser liegt im normalen Bereich (World Health Organisation [WHO], 2000). Auch der Ruhepuls liegt mit 69 S/min im gesunden Bereich (60-80 S/min). Diese Parameter lassen gemeinsam mit dem regelmäßigen Joggen des Klienten darauf schliessen, dass eine Grundfitness vorhanden. Eine Rücksprache mit einem Arzt ist vor dem Beginn des Krafttrainings nicht notwendig.

Aufgrund der Hauptmotivation des Klienten, an Muskelmasse zuzulegen, soll ein hypertrophisches Training im Mittelpunkt stehen.

1.2 Krafttestung

1.2.1 Auswahl der Methodik

Zur Krafttestung wird ein X-RM-Tests (Mehrwiederholungstest) herangezogen (Marschall & Fröhlich, 1999, S.311). Hierbei werden die später angestrebte Wiederholungszahl des Trainings (je vor jedem Mesozyklus) und die geplanten Übungen durchgeführt. Die Übereinstimmung des Tests mit dem eigentlichen Training bietet den Vorteil, dass dieses direkt und auf dem Test aufbauen kann und lediglich die Intensität angepasst werden muss. Eine prozentuale Anpassung der Leistungsfähigkeit aufgrund unterschiedlicher Wiederholungszahlen, wie beispielsweise beim 1-RM-Test (Maximalkrafttest) ist nicht erforderlich.

Beim X-RM-Test ist die Möglichkeit der Dokumentation der Leistungsverbesserung über zwei Wege gegeben. Der Klient kann einerseits nach abgeschlossenem Mesozyklus den Test wiederholen und herausfinden, in wie fern er eine Gewichtssteigerung bei gleicher Wiederholungszahl für die jeweilige Übung erzielt hat. Andererseits kann er mit dem Gewicht des Ausgangstests eine Erhöhung der maximalen Wiederholungszahl überprüfen.

1.2.2 Beschreibung des Ablaufs

Im Folgenden wird der Ablauf des ausgewählten Krafttests beschrieben. Für jeden Mesozyklus wird der X-RM Test erneut durchgeführt.

Schritt 1, Auswahl der Übungen: Im ersten Schritt werden die Testübungen ausgewählt. Diese entsprechen den Übungen des Trainingsplans vom folgenden Mesozyklus.

Schritt 2, Auswahl der Wiederholungszahl: Die Auswahl der Wiederholungszahl entspricht ebenfalls der, dem darauffolgenden Trainings.

Schritt 3, Aufwärmen: Zunächst wärmt sich der Klient auf, um Verletzungen zu vermeiden (Safran, Seaber & Garrett, 2012). Dies erfolgt zuerst allgemein. Hierbei werden Herz-Kreislaufsystem und Nervensystem auf die bevorstehende Belastung vorbereitet. Da der Klient erfahrener Läufer ist, empfiehlt sich das Aufwärmen auf dem Laufband. Hierbei genügen 10 Minuten laufen bei moderatem Tempo (9 km/h). Darauf folgt die spezielle Aufwärmung vor jeder Übung am jeweiligen Kraftgerät. Hierzu führt der Klient 2-3 Aufwärmsätze durch.

Schritt 4, Abschätzen: Das Ergebnis des Tests wird schrittweise ermittelt. Das Gewicht, das der Klient bei der gesetzten Wiederholungszahl bewältigen kann, wird in möglichst wenigen Testsätzen herausgefunden. Das Gewicht für den ersten Testsatz wird vom Trainer abgeschätzt. Dieses sollte nicht über dem X-RM, sondern knapp darunter liegen, um eine Ermüdung vor dem ergebnisbringenden Satz zu vermeiden.

Schritt 5, Durchführung: Nun führt der Klient den ersten Testsatz durch. Schafft er mehr Wiederholungen mit dem vom Trainer geschätzten Gewicht, als für den X-RM Test vorgegeben, so wird dieses für den nächsten Testsatz erhöht und umgekehrt. Das X-RM ist ermittelt, wenn der Klient ein Gewicht für die vorher bestimmte Wiederholungszahl ohne Kraftreserven, ohne zu ermüden oder die Ausführung zu verändern, bewältigen kann. Es ist darauf zu achten, auch die Ausführungsgeschwindigkeit des späteren Trainings einzuhalten.

Schritt 6, Einbeziehung der Ergebnisse: Der Trainer berechnet aus den Ergebnissen der Tests die Auswahl der Gewichte im Hinblick auf die Intensität der jeweiligen Trainingsmethode des Mesozyklus.

1.2.3 Testergebnisse

Im Folgenden werden die Ergebnisse des X-RM Test am Beispiel des Tests für den ersten Mesozyklus tabellarisch dargestellt.

Tab. 3: X-RM Test für Mesozyklus I

Übung	Wiederholungen	Testsatz 1 in kg	Testsatz 2 in kg	Testsatz 3 in kg	X-RM in kg
Beinpresse im Sitzen	20	30	40	45	45
Beinbeuger-Maschine	20	15	20	-	20
Beinabduktions-Maschine	20	15	17,5	-	17,5
Lat-Zug zur Brust	20	25	30		30
Schulterpresse	20	15	20	22,5	22,5
Rudern am Seilzug	20	25	-	-	25
Brustpresse	20	25	30	-	30
Rumpfflexions-Maschine	20	20	15	-	15

1.2.4 Konsequenzen für die Trainingsplanung

Anhand der ermittelten X-RM kann nun ein Mesozyklus erstellt werden bei dem über den Intensitäts-Parameter der jeweiligen Trainingsmethodik das Trainingsgewicht für den Einstieg ermittelt wird.

Darüber hinaus lassen sich aus dem Test mögliche Schwächen des Klienten ableiten, auf die dann sowohl in der Planung des Meso- als auch des Makrozyklus eingegangen wird.

Der Klient zeigte im Test offensichtlich eine Schwäche der Rumpfbeuge-Muskulatur auf. Dies hat in Verbindung mit der Hyperlordose der LWS für die Trainingsplanung zur Folge, dass jener Muskulatur mehr Trainingsvolumen gewidmet wird, um diese Dysbalance auszugleichen.

2 Zielsetzung und Prognose

Tab. 4: Zielsetzung des Klienten

Inhalt	Zeit	Ausmaß	Dokumentation
Muskelaufbau	6 Monate	3kg fettfreie Masse	Körperanalyse-Waage
Verbesserung der Haltung	6 Monate	Vollständige Beheben der Hyperlordose	Fotos
Kraftsteigerung	8 Wochen	30% bei jeder Übung	X-RM Test vor und nach jedem Mesozyklus

Eingangs erklärte der Klient sein Hauptziel, an Muskelmasse zuzulegen. Hierbei geht es dem Kunden lediglich um ästhetische Ideale, nicht um Sportart-spezifische Verbesserung. Gemeinsam mit dem Trainer wurde ein realistisches Ziel formuliert. Der Körperfettanteil von 13,5% solle möglichst konstant bleiben, während sich die fettfreie Masse von 59,7kg auf mind. 62,7kg verbessere. Die Erfolge des Muskelaufbaus werden einerseits durch die gemessene Körperzusammensetzung (durch Analysewaage), andererseits durch die einhergehende Kraftsteigerung dokumentiert.

Ebenfalls formulierte der Kunde das Ziel, eine Verbesserung der Haltung herbeizuführen. Konkret handelt es sich dabei um die Behebung der Hyperlordose in der Lendenwirbelsäule. Mit einem gezielten Krafttraining ist diese Fehlhaltung im gegebenen Zeitraum durchaus zu beheben, jedoch mindestens zu verbessern. Die Erfolge der Haltungsverbesserung werden anhand von lateral aufgenommenen Fotos im normalen Stand dokumentiert.

Um die Motivation des Klienten aufrecht zu erhalten, formulierte der Trainer mit dem Klienten gemeinsam das Ziel, innerhalb jeden Mesozyklus eine Steigerung der Gewichte um 30% bei allen Übungen herbeizuführen.

3 Trainingsplanung Makrozyklus

3.1 Zusammenfassung des geplanten Makrozyklus

Im Folgenden wird der vom Trainer geplante Makrozyklus tabellarisch dargestellt.

Tab. 5: Übersicht des Makrozyklus

Mesozyklus	I	II	III	IV
Dauer	8 Wochen	8 Wochen	8 Wochen	8 Wochen
Trainingsziel	Kraftausdauer	Übergangstraining	Muskelaufbau extensiv	Muskelaufbau intensiv
Organisation	Ganzkörper	Ganzkörper Zirkel	2er Split	2er Split
Einheiten/Woche	3	3	3	3
Übungen/Muskel	1-2	1-2	2-3	2-3
Sätze/Übung	2-3	3	3-4	3-4
Wiederholungen	20	15	12	8
Intensität in %	60	70	75	80
Satzpausen in s	30	60	75	90
Bewegungstempo*	2-0-2	1-2	1-3	1-1

*konzentrisch-isometrisch-exzentrisch in Sekunden

3.2 Wahl der Trainingsmethoden

Da der Klient im Krafttraining ein Anfänger ist, wurde ein Makrozyklus mit linearer Progression gewählt.

Zunächst soll im Kraftausdauer-Bereich (Mesozyklus I) mit 20 Wiederholungen trainiert werden. Dies hat den Vorteil, dass sich der Klient an die ihm neuen Bewegungen gewöhnen kann und anfangs die intermuskuläre Koordination trainiert wird. Ebenfalls mindert eine geringere Intensität zu Beginn des Krafttrainings die Verletzungsgefahr, die durch einerseits ungeübte Ausführung der Übungen und andererseits Überbelastung des passiven Bewegungsapparates besteht. Das Kraftausdauert-Training bewirkt eine bessere Kapillarisierung der Muskeln (Weineck, 1998, S.156) und bereitet diese somit auf hörere Intensitäten vor. Es hat ebenfalls positive Auswirkungen auf die Laktat-Toleranz des Muskels und beschleunigt somit die Erholungsfähigkeit. Eine geringe Pausenzeit von 30 Sekunden ist vom Klienten nicht zu überschreiten, da eine erhöhte Laktatbildung wünschenswert ist, um Anpassungseffekte hervorzurufen. Die Trainingsfrequenz von drei Ganzkörper-Einheiten pro Woche scheint hoch, ist aber aufgrund der geringeren Intensität für den Klienten optimal.

Um dem Ziel des Klienten nachzugehen, widmen sich Mesozyklus III und IV dem Hypertrophie-Training, also dem direkten Ziel des Muskelaufbaus. Mesozyklus II dient als Übergangsform, um abermals Knorpel, Bänder, Sehnen und Nervensystem auf die Belastung vorzubereiten.

Der zweite Teil des Makrozyklus (Mesozyklus III & IV) wird je hälftig aus extensivem und intensivem Muskelaufbau-Training gebildet. Der Grund ist, dass durch unterschiedliche Belastungsparameter (Wiederholungszahl, Ausführungstempo) im Hypertrophie-Bereich versucht wird, möglichst viele Muskelfasern zum Größenwachstum zu reizen.

Die sich während des Makrozyklus linear steigernde Satzpausenzeit, liegt der sich stetig steigernden Bedeutung, die Adenosintriphosphat-Speicher wieder aufzufüllen zugrunde. Je größer die Intensität, desto weniger Zeit bietet sich während des Satzes, ATP zu resynthetisieren, welches für großen Kraftaufwand unabdingbar ist. Ebenfalls wird ab Mesozyklus III ein Zweier-Split gewählt, um den jeweiligen Muskelgruppen eine längere Regenerationszeit zu gewähren, welche durch die sowohl höherer Intensität, als auch durch das größere Trainingsvolumen pro Muskel benötigt werden.

4 Trainingsplanung Mesozyklus I

4.1 Zusammenfassung eines geplanten Mesozyklus

Im Folgenden werden die Belastungsparameter des ersten Mesozyklus tabellarisch dargestellt.

Tab. 6: Übersicht des Mesozyklus I

Mesozyklus	I
Dauer	8 Wochen
Trainingsziel	Kraftausdauer
Organisation	Ganzkörper
Einheiten/Woche	3
Übungen/Muskel	1-2
Sätze/Übung	2-3
Wiederholungen	20
Intensität in %	60
Satzpausen in s	30
Bewegungstempo*	2-0-2

4.2 Wahl der Trainingsschwerpunkte

Der Schwerpunkt des Trainingsplans im Mesozyklus I liegt auf dem Gerätetraining. Da der Klient ein Trainingsanfänger ist, soll zunächst eine Gewöhnung an das Krafttraining stattfinden. Zusätzlich bietet sich der Vorteil, dass der Klient nicht zu Beginn seines Trainings mit komplexen Bewegungsabläufen überfordert wird. Die geführte Mechanik eines Gerätes schließt hierbei einen Großteil der Fehlerquellen gegenüber freien Übungen aus und mindert somit das Verletzungsrisiko.

Außerdem dominieren mehrgelenkige Übungen den Trainingsplan. Da es sich um ein Ganzkörpertraining handelt, ist es wünschenswert, dass der Klient möglichst viele Muskeln pro Übung trainiert. Hierbei entsteht außerdem ein höherer Anpassungsreiz an Herz-Kreislauf-System und intermuskuläre Koordination, welche in späteren Mesozyklen dann stärker beansprucht werden können. Das Training mehrgelenkiger Übungen schont zudem die Gelenkmechaniken des Klienten, die ohnehin zu dessen Trainingsbeginn noch nicht intensiv belastet werden sollten.

Die Reihenfolge der Übungen folgt dem Prinzip des Muskelmasseanteils. Übungen, die eine hohe Muskelmasse beanspruchen, sollen zuerst ausgeführt werden, da diese eine größere physiologische Anstrengung mit sich ziehen und der Klient diese zu Beginn des Trainings eher aufbringen kann.

Da der Klient über eine Hyperlordose in der Lendenwirbelsäule klagt, liegt ein Schwerpunkt auf dem Training des Gesäßmuskels und der geraden Bauchmuskulatur, um den Hüftwinkel langfristig zu korrigieren.

4.3 Wahl der Übungen

Tab. 7: Auswahl der Übungen

Übung	Trainierte Muskeln	Begründung des Übungswahl
Beinpresse im Sitzen	M. quadriceps femoris M. biceps femoris M. gluteus maximus	Im ersten Mesozyklus sollen alle großen Muskelgruppen miteinbezogen werden, um den Klienten optimal auf das Hypertrophie-Training vorzubereiten. Hierbei ist die Beinpresse mit einem sehr großen Muskelmasse-Anspruch unumgänglich.
Beinbeuger-Maschine im Sitzen	M. biceps femoris M. semimembranosus M. semitendinosus	Da in der Beinpresse der M. quadriceps femoris stärker beansprucht wird, als sein Antagonist, der M. biceps femoris, soll in dieser Übung ein Ausgleich geschaffen werden, um alle großen Beinmuskeln gleichermaßen zu reizen.

Beinabduktions-Maschine	M. gluteus maximus, medius, minimus M. tensor fasciae latae	Ein besonderes Merkmal liegt auf dem Training des M. gluteus maximus. Dieser soll zu einem höheren Grundtonus trainiert werden, um bei der Behebung der Hyperlordose der LWS zu helfen.
Lat-Zug zur Brust	M. latissimus dorsi M. trapezius pars ascendens M. rhomboideus M. teres major	Die Muskeln des Oberkörpers sollen ebenfalls ausgewogen und mit mehrgelenkigen Übungen trainiert werden, um mehrere Muskeln in weniger Zeit reizen zu können. Hierbei erweist sich der Lat-Zug als idealer Baustein.
Schulterpresse	M. deltoideus M. triceps brachii M. anconeus	Der Trainer versucht Druck- und Zugbewegungen sowohl auf Transversalebene, als auch, wie in diesem Fall, auf Frontalebene einzubinden, um den Klienten an alle Arten von Bewegungsabläufen heranzuführen.
Rudern am Seilzug im Stehen	M. latissimus dorsi M. deltoideus pars clavicularis M. trapezius M. rhomboideus M. infraspinatus	Beim Rudern am Seilzug im Stehen trainiert der Klient nicht nur die aufgelisteten Agonisten, sondern auch Synergisten, die notwendig sind, seinen Körper zu stabilisieren. Dies soll ihm bei späteren Freihantelübungen zu mehr Stabilität verhelfen.
Brustpresse	M. pectoralis major M. triceps brachii M. anconeus M. serratus anterior	An der Brustpresse wird der Klient an das Langhantel-Bankdrücken herangeführt, welches in Mesozyklus III und IV einen Hauptbestandteil seines Oberkörper-Trainingsplans darstellen soll.
Rumpfflexions-Maschine	M. rectus abdominis	Die Rumpfflexion dient, wie das Training des Gesäßmuskels, der Korrektur der Hyperlordose in der LWS und der Grundstabilität im Rumpf.

5 Literaturrecherche

Im Folgenden sind zwei Studien zum Thema „Effekte des Krafttrainings bei arterieller Hypertonie" tabellarisch dargestellt.

Tab. 8: Zusammenfassung Studie 1

Titel der Studie	Verschiedene Krafttrainings-Methoden bei Diabetes Mellitus Typ 2: Auswirkungen auf Blutzuckerkontrolle, Muskelmasse und Kraft
Studiendurchführer	Egger, A., Niederseer, D., Diem, G.
Veröffentlichung	European journal of preventive cardiology, 2013
Versuchspersonen	32 Diabetes Typ 2 Patienten (13 Männer, 19 Frauen, 57-72 Jahre)
Versuchszeitraum	8 Wochen
Versuchsaufbau	Die Versuchspersonen wurden zufällig und hälftig in zwei Gruppen unterteilt. Beide Gruppen führten zweimal pro Woche identisches Ausdauertraining durch, während sich das Krafttraining beider Gruppen unterschied. Gruppe 1 trainierte im Hypertrophie-Bereich (2 Sätze pro Muskel, 10-12 Wiederholungen, 70% vom 1-RM). Gruppe 2 trainierte im Kraftausdauer-Bereich (2 Sätze pro Muskel, 25-30 Wiederholungen, 40% vom 1-RM).
Versuchsergebnis	Bei beiden Gruppen konnte eine Verbesserung des BMI, des subkutanen Fetts und des Ruhepulses um ein ähnliches Maß festgestellt werden. Lediglich die Differenz der Muskelmasse der Hypertrophie-Gruppe war größer, als die der Kraftausdauer-Gruppe. Dies zeigte allerdings keine Auswirkungen auf den Blutzuckerspiegel, welcher bei beiden Gruppen um das gleiche Maß gesenkt werden konnte.
Schlussfolgerung	Kraftausdauer-Training und Hypertrophie-Training können einem Diabetes Typ 2 Patienten gleichermaßen empfohlen werden. Beide Trainingsmethoden haben einen positiven, also senkenden Einfluss auf den Blutzuckerspiegel.

Tab. 9: Zusammenfassung Studie 2

Titel der Studie	Der Relative Nutzen von Ausdauer- und Krafttraining auf metabolische Faktoren und Muskelfunktion von Menschen mit Diabetes Typ 2
Studiendurchführer	E. Cauza, U. Hanusch-Enserer, B. Strasser
Veröffentlichung	Archives of physical medication and rehabilitation, 2005
Versuchspersonen	39 Diabetes-Typ-2-Patienten (20 Männer, 19 Frauen, 55-59 Jahre)
Versuchszeitraum	4 Monate
Versuchsaufbau	Die Versuchspersonen wurden zufällig zwei Gruppen zugeteilt. Gruppe 1 (22 Personen) führte Krafttraining (max. 6 Sätze pro Muskel pro Woche), Gruppe 2 (17 Personen) Ausdauertraining (15-30 min, 3 mal pro Woche, bei 60% des maximalen Sauerstoffverbrauchs) durch.
Versuchsergebnis	In der Krafttraining-Gruppe konnten Verbesserungen des HbA1c-Wertes (8,3% +/-1,7% auf 7,1% +/-0,2%), des Blutzuckerspiegels (204 +/-16mg/dl auf 147 +/-8 mg/dl) und der Insulinsensitivität. In der Ausdauertraining-Gruppe konnten hingegen keine signifikanten Veränderungen dieser Parameter festgestellt werden.
Schlussfolgerung	Krafttraining hat einen höheren positiven Einfluss auf die Blutzuckerkontrolle als Ausdauertraining bei Diabetes-Typ-2-Patienten. Somit spielt es eine große Rolle in der Behandlung von Diabetes Typ 2.

6   Literaturverzeichnis

Cauza, E., Hanusch-Enserer, U., Strasser, B., Ludvik, B., Metz-Schimmerl, S., Pacini, G. et al. (2005). *The relative benefits of endurance and strength training on the metabolic factors and muscle function of people with type 2 diabetes mellitus.* Wien: Archives of physical medicine and rehabilitation

Chobanian, A., Bakris, G., Black, H., Cushman, W., Green, L., Izzo, J., et al. (2003). *Seventh report of the Joint National Committee on Prevention, Detection, Evaluation, and Treatment of High Blood Pressure* (Hypertension). Bethesda, Maryland, USA: Medline

Egger, A., Niederseer, D., Diem, G., Finkenzeller, T., Ledl-Kurkowski, W., Forstner, R. et al. (2013). *Different types of resistance training in type 2 diabetes mellitus: effects on glycaemic control, muscle mass and strength.* Salzburg: European Association of Preventive Cardiology

Larsson, L., Grimby, G. & Karlsson, J. (1979). Muscle strength and speed of movement in relation to age and muscle morphology. *Journal of Applied Physiology, 46* (3), 451-456.

Maschall, F., Fröhlich, M. (1999). Überprüfung des Zusammenhangs von Maximalkraft und maximaler Wiederholungszahl bei deduzierten submaximalen Intensitäten. *Deutsche Zeitschrift für Sportmedizin 10*, 311-315.

Safran, M., Seaber, A. & Garrett, W. (1989). Warm-Up and Muscular Injury Prevention An Update. *W.E. Sports Medicine,8* (4), 239-249.

Weineck, J. (1988). *Sportbiologie* (9. Aufl.). Balingen: Spitta.

World Health Organisation (2000). *Obesity: preventing and managing the global epidemic.* Genf: WHO.

7 Tabellenverzeichnis

BEI GRIN MACHT SICH IHR WISSEN BEZAHLT

- Wir veröffentlichen Ihre Hausarbeit, Bachelor- und Masterarbeit

- Ihr eigenes eBook und Buch - weltweit in allen wichtigen Shops

- Verdienen Sie an jedem Verkauf

Jetzt bei www.GRIN.com hochladen und kostenlos publizieren